franz josef czernin

geliehene zungen

Gedichte

Hanser

1. Auflage 2023

ISBN 978-3-446-27758-8
© 2023 Carl Hanser Verlag GmbH & Co. KG, München
Umschlag und Motiv: Peter-Andreas Hassiepen, München
Satz im Verlag
Druck und Bindung: Friedrich Pustet, Regensburg
Printed in Germany

geliehene
zungen

1

unter meinen alten hüten
sucht ich meinen kopf,
doch was ich fand, war eine taube,
ihren schönen schopf.
der vogel flog
und liess mich unerhört.

blackbox

wie das gebein sich spreizt,
da das bild geschossen wird
zwischen brust und jammer,
mein und dein; so enthüllt
und nackt und bloss gewusst,
bin ich gewitzt, du ausgereizt.

als es uns blicke kreuzt und blitzt,
sind längst zu tod genossen,
ist verschlossen unser akt.

in der kammer kaum ein widerschein.

hier oder nicht

als du danach zu suchen hast,
vexiert sich bild um bild okkult.
denn was nun bloss geliehen ist,
zu verborgen war im schild geführt,
reflexiert muss sich verbuchen:
die schuld hat unser sich geziehen,
denn was du hasst, ist was es killt,
so wie es mir und uns gebührt:

denn es gibt für nichts kein morgen.

skarabäus

in all den kisten liegt ein käfer,
der uns und sich vermisst
als dein schläfer und mein wächter.
als vorm licht einander rüsten
mit seinem flügel, unserm mist,
küsst der fechter in dem spiegel
seinen schlächter und besiegt
durch das, was trügt, die eigne list:

so zerbricht das alte siegel.

jekyll and hyde

auch die grimasse ist verschmerzter kot,
denn das gesicht hat beide backen.
da uns verpasse zweimal einen leib,
sind beide auch verscherztes brot,
und weil ich doppelt mich verprasse,
sitzen not mir, grimm im nackten nacken:

uns bleibt bloss, was immer droht.

fabel

wie mir wild der schnabel wuchs,
so zieh mir hasenlang die ohren,
das vexiert den animalen drang.
nun hör ich selbst das quaken
jeden spruchs, ach das ganze babel.
du aber schlugst den haken in die wand,
da sucht das bild, was wir verloren:

wie es aus seinem rahmen sprang.

you are next

ob unterm rasen, überm gras,
der schalk sitzt stets im nacken,
da wort für worte drechseln,
die inschrift auf dem katafalk.
durch unsre macken, seinen zorn,
sind an dem ort von a bis z behext,
bis unsern balg verwechseln
mit dem könig hinter glas,
unsern spass mit seinem witz:

nur wo mit mir seid eingerext,
weckt so ein antlitz euch von vorn.

emblem

vor und hinter meiner linse
dein gesicht und was ich grinse,
denn dafür zeuge mein geschlecht.
ob lebensecht oder im photo,
durch beides spricht dieselbe binse,
so feige wie auch hinterm andern blatt.

ja, die totale findet immer statt,
ob als pars oder in toto.

bocca della veritá

suburban in blut und bahnen
kabeln uns durch schmerz und nieren;
in röhren und kanälen ungut ahnen,
was subkutan zusammenbabeln,
quälend uns hier fabeln hören;
wie verquer kommun zitieren,
bis die kehlen überfluten spüren:

der volle schnabel ist nun aufgetan,
doch nur fürs erste beste: ein vokabel.

2

ich traue uns in jedem hokuspokus,
in allen mummen- oder mumienschanz.
ob musealer popanz, ob akut real,
nur im sezierten kuss schaue totalsubstanz.

self portrait as an old artist

einst uns dramadonner, bretterdeuter,
theatralisch wort- und weltenretter,
all die phrasen, die für uns verdrosch,
und in petto stets das volle panorama.

dafür steht jetzt allein die alte leiter,
über die hinaus ich kletter,
über alle wolken, jedes wetter.

dort bin einer letzten letter frosch,
prophezei mein licht, das längst erlosch.

artefakt

aus der distanz uns hierher zoomen,
dass unsre art mich herzlich packt;
gemeinsam war der alte pakt geschlossen;
leibhaftiges volumen, doch im takt.

miteinander sind entsprossen,
reiner akt vor glanz und blumen,
hingegossen sind nun plastisch ganz,
und wenns wahr wär, auch ganz nackt.

premiere

zwischen fernen, leichten himmelsgloben,
prima donner, blitzentzücken;
unten, scheinintimer, bühnen, bretter,
in einem akt dies leib- und liebmissglücken;
die welt ist uns in einem stück erhoben.

daher den blick nach oben schicken,
wo noch immer wetter-, letterleuchten.

und ich glaubte nur zu proben!

panorama

durch das sternenrohr hier gucken
in den brut- und bühnenkasten:
lebhaftes spucken auf den betten,
hasten dann durch tür und tor.

bald erfassten stadt und stätten,
wo mit stock und hut auszucken,
auf schlimmen routen, böser mienen,
bis auszurasten als skelett erschienen.

die letzte wut nur in mir selber ruht.

von der bühne

nicht zu spaßen ist damit, noch zu wüten;
nein keine drastik oder leibesspastik!
längst gras wächst über unserm rasen:
ja wir mühten uns zu wildern mythen,
zum kühnem bild, berstender plastik.
doch die blüten sind nun an den vasen,
alles unmaß in den requisiten:

sie schildern uns in toten viten.

drama

der trick, und schon sind in der kluft,
in roben oder auch in sterndistanz,
durch den fast unverwandten doppelkick.
der zwiespalt ist nicht nur geblufft,
denn dies klaffen büssen in der dissonanz
von gruft- und luftsaum. dergestalt der blick
nicht nur von oben ist verhiessen uns.

die list: den tand zu koppeln, trug zu schliessen
mit den himmelsgloben. so verschaffen uns
den spiel-, den fühl- und flugraum ganz,
samt aller frist. und mein geschick, es ist
im noten-, totenkranz nicht nur zu proben,
sobald im stück hinweg uns raffen liessen,

mitsamt dem fug und allem recht.

oper

im einsamen oval und ozeanisch
viel gebraus, sehr ungestalt und anonym;
bald horchideen und vogel-, blumenschall,
die küste dann, über höhn die planetarien.
noch ungestüm, was sich da hasste, küsste,
bis orchestral gemeinsam vor-, nachahmen,
kostümverliehn mir viel gehalt verpasste:
sinngewalt im vollen saal, die arkanarie.
organen graus ganz aus dem leib geschrien,
im orgelschwall fast bis zum eigennumen, -namen.

applausorkan. doch wars wohl larifari;
im areal liegt nur die büste ungetüm.

der kanarie ist längst ausser allem haus.

zirkus krone

im zenit dies throne, mich erzelterlich,
im in-, ja auch äternen rings erküre;
ubiquit umprunkt bin ein verfüger
von maternen mustern und schablonen.
in sanskriten wie kristallen clustern
bis in asymptoten fernen eure viten
jetzt verspüre: viel erlitt hier der artist,
der überflieger, der zirkular sich funkt
durch solchen äther: infantil, schon blutiger
in zelt- und weltjargonen mich bestritt
durch tiefre zonen: ja, weh mit sternen,
steinen fiel aus allen kronen und wie schmerzlich
auf die beine, nein, die pfoten; so vertritt
der tiger meinen mittel- und den totenpunkt:

erstarrt ist jetzt der sieger in der selbstikone.

3

ich sags so wahr in unsre runde,
dass deinen finger legst mir wunderbar
in meine tiefe wunde:
bald gleichen uns mit haut und haar
und jedem andern leichenpaar.

gothic

schon im dunkel maß- und wortgetreu
euch als spielerzeuger bin erschienen;
in sinnsoldaten und modellvergnügen
bin euer lust- und leidensmienenzeiger.
unter mond- und mordsgemunkel
lass schock- und lockmotive geistern,
in jedem affenzahn solln uns bekriegen,
selbst immer dreister datenscheu
lass schunkeln uns in eil- und eichenzügen.

am ort bleibt nur der bahn-, der friedhofsmeister:
wie hell ergleisst er, funkelnagelneu.

underground

immer x für u zu bahnen, biegen
uns durch dunkle röhren, drücken
blindes gieren durch passagen,
auch in schrift- wie geisterzügen.
so schicken uns durch finstre tuben,
ja im wagen solchen tunnelblicks
dies skelett erahnen, sein zerstören
trifft von a bis z totalversagen.

stop and go

da euch auf meine schienen bringe,
motorisch wird das areal gebahnt;
doch eisern seid drauf eingestiegen,
translokal uns plant die zonen,
nach vor- und auch zurückverreisen.
da uns in parallele linien zwinge,
auf signale stränge, erzmotive dringe,
herzubiegen sind die harten kreise,
all die lokutionen eingemahnt:

nichts soll mehr auf toten gleisen liegen.

bahnhof

als es sich hier zusammenpackt,
die kleider und so nackt im laut,
war angebahnt es aus den stoffen,
eben damit auch total verstaut:
artgleich berührt, uns selbst erhoffen,
mein leibes- und dein linienstreben,
denn, so geplant, vom ersten hemd
bis zum brutalen akt dies schaut.
eingetroffen seh den schneider,
lebensnah wie fremd abstrakt;
so sequenziert sich ganz die fahrt,
hart auch aus unsrer eignen haut:

ganz offen steht uns jetzt der koffer.

volle tube

zwischen den extremen dies geriere;
aus retorten und geheimen cremen
verführe uns motorisch, in den seimen
oder semen spüre die torturen;
süsse torten unterm tisch beschämen,
doch wie sonst hier durcheinander kämen,
in momenten gross auf touren:
viel gemisch, darin gemeinheitsschemen,
saure küsse und geschmiere: zwischen
den aborten und den hohen firmamenten,
alles ziere gleich den nächsten wisch.

erotikon

rau massen, krass, fast ungestalt,
sehr roh und atomar zerstreut;
material und unzahl, nur naturbelassen;
doch dann sind uneins, ja besext,
so zwiegespalten uns gewahr;
behext zulieb sind wie zuleid,
selbstvielfalt und auch gattungstext.

als, ja erosiv, erneut dies fassen,
hat sichs bald leer- und ausgeschallt:

stets null und zero war, bloss ungehalt.

geschlecht, zu shakespeare

was bein von bein hier wieder scheidet,
jetzt spaltet lingual die zungen; englisch
uns zuliebe, zuleide im brutallatein:
es sind verbindungen im überfluss,
schammagisch, -manisch mir verschrieben,
incarnal misslungen, bis zum überdruss.
doch da dies genussein hier waltet,
uns zugänglich sind im unheilsamen
und guttural auch in dem freudeschrein;
so blieb es, allgemein, stets ausbedungen.

denn nur was in der mehrzahl sich vergeudet,
zuletzt kann einmal sein gefieder feien.

sense

ob nasenrot, ob die karotte warnt,
das triste ist nicht nur von pappe;
steif hältst das heisse eselsohr,
doch nicht die phrase, noch die klappe.
ja dein ist die marotte, fingerhut
oder taillierte vase; es greift
der stoff aus blut sich oder quasten,
sprechblasend unterm trauerflor.
ja, alt ist die klamotte, du bist selbstumgarnt,
so droht der motten- wie der narrenkasten.

da dich als aas in gaze roh verspotte,
längst warte in der leeren kiste:
du warst nur die kappe, die mich tarnt.

puppensex

ich vergreife mich an deiner klappe,
um kein schlechtes maul zu halten.
was übel roch, auf meine kappe nahmst,
als in der kluft mich heiss verkroch,
schweiss und lumpen überlappe,
faulen stoff und echtes blut.
uns pumpen durch des andern schlauch,
dass samt der wundersamen brut,
sind beide nicht allein von pappe,
rundum verungestalten uns.
so ahmst mich nach in deinem bauch,
der redet wie mein buch im kreis,
ja jeder gruft nach unsrem mund,
dass es uns durch das selbe loch verpfeife:

denn unterm tuch ist nichts als luft.

kinderszene

wie mir schon lange dämmert,
ferien einst und ab ins blaue;
in feerien wolken schläfchen zählen,
uns summieren bienen auch:
adamen oder evchen traue in prärien,
tempelhüpfend, rock und rosen lüpfe,
picke auch rosinen, knüpfend zarte fädchen.
mich im schlummer, ja in reverien kosen,
süss belämmert unter stempelkissen, -küssen.
gemolken worden milch sind, honig.
schäfchenwollen, alberwachte blicke,
als dann herden horden werden,
in papieren serienweise nummern fehlen;
ja, herzhämmernd kummernamen schaue,
viel zu tief auch in dein mördergrübchen.

nein, das sind nicht nur wehwehchen,
denn du selbst bist nicht nur ungeschlacht:
überall verschollen sind schon bübchen, mädchen.

märchen

der blitzkontakt und dies auszucken,
galvanisch laut- wie hautkontrakt;
vom hohen sitz uns hin- und herregiere
den schenkeldrang und durch froschafter,
mit wut und blut und was sonst packt.
ja, durch das gieren nach den todeszonen,
in schweiss und weiss glüht die elektrohode.
im innensang grobianisch mich vorführe,
karnevalisch ist der witz, der mich maskiere
in der elekten ode; als heiss es uns verlangt
nach solchem königsakt, nicht nackt allein
die code spucken: mir an-, euch unvertraut,
seid roh-, doch auch die frohbotschafter,
die allgemein mir leich um laich verschlucken,
hier bis zum letzten enkel thronen.

4

ich stehe hier in schuld vermessen,
da ihr den kuchen haben wollt und essen:
so brotlos ist nur unser kult.

aprikosen

dies bonbon ist zwei mal gut,
doch iterativ, so sehr von übel.
latin bin, also reflexiv das klebe-,
lebensnasse – so bald spie gel um gel.
die glucosen, ja zum kosen oder kotzen.
latrin zum überdruss. mir vis a vis und wie
fallibel gewahr war in dacapoposen.
sie spiegeln süss wie widerlich das krasse
in die tiefe schicht: mir bin barbar,
daher im arschgesicht mein doubledu;
im selben kübel sind die dext-, textrosen,
die grimasse muss den überdosen trotzen.

das konvolut bin ich, der musensohn, und du
mein bibelalibi, die infinite klonperson.

43

resümee

ihr zieht aus meinem alten hut
den andern schein, den toten zettel:
durch solche witze, ihren bart,
sei uns allseits hab und gut erspart,
die andere bank und ihre noten.
da arm an geist uns selber zeihn,
sind wir nicht blitz, nur blank,
kein besitz und schwank der preis:
ich geh am buch-, am bettelstab,
kein widerspruch ist mehr geboten;
wir fallen in die leere mütze,
die bare münze, wie sie gleisst:

denn diese währung, die bleibt hart.

für und wider

die qual am wort, am ort die wahl,
dies infame besser kaum verscherzt;
hier hast ohr um ohr, kriegst das signal,
zulieb, zuleide den akkord von mahl
und mord: matador sein, selbstreklame,
die sich der allesesser hier von jeder
schneide las; denn mit allem schrieb
ist bald geschwärzt der eigne name:

so besiegst das maß, die zahl, den hieb,
in einem fort auch den vermesser.

mikado

uns durcheinander hiess und im vergreifen
auf die kippe; denn fast ziel- und maßlos
aus der reihung fiel, labil mir stiess
durch stäbe zu, x-mal entropisch in zerstreuung.

im anhäufen, durch die spiel-, die vielzahl,
uns daneben tippe, da hier contra-
und probabel, also lingual, abschweifen,
fast utopisch durchs gefabel driften.

instabil, blamabel sein!, als auf der schippe
mich der wahl hier massenhaft begebe,
euch erneuung überliess – in der schwebe,
in der das ganze areal sich selber stiftet.

origami

eben war das blatt noch plan und leer,
da länge mal die breite ineinanderfalten,
in adäquaten ecken oder kanten
areale daten auszuklügeln. beizeiten
glatt gehn durchs papier, in vaganten
zwischenräumen sahn gefinkelt
uns enthalten, für und wider spiegeln.
doch nach vakanten strecken totverwinkelt,
simultan in insgeheimen seiten,
uns geben wieder statt im ungestalten.

uhrwerk

der zeuger ist mit sich im seinen,
und alles geht so glatt die runde;
figur, person und ziffer uns erscheinen
auf einem, stets demselben blatt.
doch dreht mein stift uns durchs gewimmel
im voraus und retour, auch unsern vorwitz
zu beweinen. denn der zeiger hier,
die ur-, unkunde, ton und schrift,
findet gleich zur unzeit statt:

alarmgebimmel, letzte sekunde!
kein blitz trifft mehr aus heiterm himmel.

paradise lost

an manche wand sich malt hier ein gesicht,
zum träufelskreis so nass gewillt;
scheineilig hand am farbgerinnsel,
drin selbst bin licht- und perlenschweiss.

akt für akt intrinsisch erbverb bannt,
im bild- und wundersamen strahlt
harmonisch warm, mir sinn- und einfallsinsel,
dass eilandsheil sich der bereich verheisst.

doch fällt es in den arm, nein aus dem rahmen,
brutaler fakt, krass blutig der verweis:

wir sehn nur einen nackten einfaltspinsel.

auge

in uns dringe durch pupillen,
diminutiv und gegensinnig meine,
uns zu maß-, buchstäbchen zwinge:
infantil und komisch, sehr figurenschief.

in den puppengliedern gnomisch,
ja anatomisch sind gruppiert;
wir reizen, spreizen uns hier exzessiv,
unter haut um haut textil enthüllen.

sensenmännchen, -mädchen, wie sie kreuzen
die gebeine, todsicher nichts zu willen.

5

ich tu, als macht ich euer glück:
das ist der alte zeichentrick;
so meint ein meisterstück euch selbst,
und meinesgleichen bleibt zurück;
allein mit unserm missgeschick.

pfauenauge, zu inger christensen

im wasserspiegel, kostbar und oval,
im ersten strahl schon reflexiv,
schön rief mein fühler-, flügelpaar,
einander lustoral, liebäugling uns.

im blätter-, doch auch wetterleuchten
uns zungenspalter sind und -psalter,
einander blütensäugling, postnatal
dies musterexemplar im lebensfeuchten.

ornatmental und hieroglpyhisch tief
blieb selbsterfasser und -entfalter,
als mit geschmetter, solcher donnerletter
uns selbst erbrach der brief, mein siegel.

aus dem garten, zu christine lavant

zuerst die rede, hoch bedacht,
dann euch palaver, der ballast;
voll schammoral am selben zweig
hier sägen. bald hängt der segen schief
und schwer ist mir das zeug gemacht,
doch uns sag weder ja noch amen.
denn immer sind im ab-, dem apfelfall
und ohne halt: selbst bin vom ast und tief
gefallen und nicht weit vom stamm,
auf unsern futterwegen und im kotpalast.
als uns beim eignen namen rief,
sind längst im loch, nein schon im krater.

ich bin vater-, mutterseelenallein,
doch gehorsam wär erst mein kadaver.

milch

selbst an zitzen, bin auch hermeneuter,
denn aus den tentakeln saugen
uns die finger. auf vokaler lauer bin,
in, ja weh- wie wohlgemuten witzen rufe,
dass auch ohrorakelnd schauer sind
durch nicht nur museale dauermythen:
unter flügelhufen, über klauenschuh
seid mir schwärme-, bin euch därmedeuter.
aus einem dünger, solchen götterkoten,
ritzen diese makelhaut und krakeln
das tattoo: unsre riten sind nur heiter
mit dem clou, dass die letterboten
nicht nur schlaue überbringer sind.
denn die kuh, sie muht sakrale trauer,
als uns ihre augen stumm verrieten.

nach athen

für thomas poiss

es entzündet sich das alte scheiterholz,
gerade an vereistern lebensstoffen:
fast zerschmolz mein ganzer krempel,
doch dann findet sich die feuer-, feierleiter,
und bald dreister mir die alte leier kündet,
uns am antiquaren neue zu bemeistern.
aufwärts streben durch den säulenrauch,
sternheiss und voll solaren golds,
mich fernbegeisternd am einst offenbaren,
stolz und heiterst offerier den tempel:

doch hab mich je dort selber angetroffen,
dann erst mit dem letzten eulenhauch.

faites vos jeux

für wolfgang matz

nicht allein die erste karte spielst,
noch die finale: denn in dem horoskopus
zielst auf mich, ob formentief, ob obskurant,
uns kommun und amikal den locus state.
normverletzt dabei am ort- und wörterbruch,
auf dich, dein zweitgesicht, hab stets gesetzt,
dass clairvoyant erfühlst dies sinnvernarrte
schmerzgewicht; denn auch missforture ist tropus,
uns signal von ruferlust und buchgewinn.
das bild, das uns durch all den hokuspokus gilt,
ist ungemein zur hand; hier im mortalen
fokus war entbrannt, dass narrativ ausarte,
als mit dem erzstich dir zufielst zuletzt.

mare nostrum, zu reinhard priessnitz

auf hoher odyssee uns endlich wieder sehn,
dies mittelmeer jetzt um so mehr erkunden.
da uns in allgemeinen nöten angetroffen,

generisch loten aus uns hieroglyphen,
ob auch in seichten spässen falscher noten
nie ganz entwunden sind. so schwer jedoch die see,

in den verstössen uns in einem boot und tief
aus einem mund empfunden: von grund auf offen,
stehn zu geboten euch, in wasserattributen,

kommun den flutgefässen. da dies in tränen riefen,
ja triefen oder troffen, mehrmals die botschaft
versenden, dass gemeinsam über-, untergehn,

so trunken von den blössen, die hier gaben.
in fluten abgesoffen, sind uns bald entschwunden.
als unsern stiefel doppelt liess rebooten

dass auf ein neues nasser in den stoffen segeln,
die runden drehn, in einem fort uns sputen.
uns das geschehen umso krasser einzuflössen.

auf alten routen damit nichts bewenden liessen,
da nicht den regen nur, auch traufen spenden,
ob noch im schroffen oder bald im guten:

nein, am trocknen allein sich nichts vollenden liess,
daher nun auch in euren namen das erhoffen,
worauf des ozeans totenstillen stets beruhten.

ein gleiches

den stift so seismisch liesst erzittern,
ziehst die fisch-, die vogelschrift
auch über ferner hügel wellen.
stürmisch läuten liesst, als nach dunst
und wasser riefen; im erschüttern
nasser zonen ozeanisch, am orkan
dies angsterbeben fliehst, in der zille
drift um drift, tief in der kluft;
sehr vergeblich dies beschirmen
in der flossen- wie der federfülle.

doch durch see- und augensterne
türen, flügel sehn erstreblich,
luft und säulen kolossal erschauen,
uns erbauen an serifen, regen bögen,
den ozonen häuserzeilen: unter, über
wolkenduft und wogentürmen
fliesst viel lebens-, schwebenswille
buchstäblich lift um lift ins ungewittern.

als im blauen kalligraphisch thronen,
ist leer der kahn, tot auch die stille.

alp, zu thomas kling

steigeistern etwa – so bist angeturnt;
unstet die höhenmetrik im kletterbeat,
also auch bock- und rocksprünge;
kopfüber schafs- und wolkenwollen,
als künstlich uns beatmen schufst.
selbst warst hammelleiter, halsbrecherisch
und gipfelstürmisch, hochriskant starbeamend
verliesst uns durch freaklettern,
highlighter bis zum asterisk.
was für eine zitter- und zitierpartie,
nicht fell-, noch felsenfest,
doch frei- und auch hallsprecherisch
überm gewimmel, den tal- und trugschlüssen
im omenschlamm.

wir aber biwaken noch bei brandherden
unterm zelthimmel; uns nächtlich entgeisternd
zwiebacken, nämlich finsterlinks
im rammel-, längst auch im gammelfleisch.

6

da die wahl sich selbst getroffen hat,
liegt in der urne nun ein leeres blatt.
die zahl ist gleich, die stellung patt:
auf allen seiten bin, an jedes statt?

paolo und francesca

wie denn nicht die alte lade hüten,
mit dir im bunde und im dornenbuch?
als die promiske letterrose spende,
senden flammfromm sich die blätter.
doch wir brennen auf die schöne stunde,
hinterm busch gehalten zu erkennen,
was auch verrieten: diese eskapade,
ist literal bloss ritterporn und -pose,
nicht zu schade sich für scham und blüten.
doch der ansporn, der ist ideal,
denn der retterspruch verheisst die werde;
vor tusch und zorn- wie horngeschmetter
monogam sich selbst erklomm das lamm:
das monogramm, es ist in aller munde.

tresor

am orten hier und auch am morsen,
da incarnal kontakt versuchen,
dies amorose, zahl- und blütenschein;
zwei torsen, doch wie lose der kontakt,

zu rasch amorph. daher brutal privat
der diebesakt, so literal die pose:
was stahl, ist hart, da dies am ohr verruchen,
in der tat das codepaar entzwein.

geknackt war nie die mörderepisode,
wie je die moritat vom toten schrein,
banal der spruch in der geborstnen dose.

kein signal liesst wahr und nackt verbuchen.

faksimile

im bitterlichen nacht- und gallenflug
durch klauen greif ich mir den galgenspass,
muss krallen hier dies fremd gefieder;
bald häng im grauen, in der luft,
am rauen faden, wo der langen weilen halber
glieder sich mit leibesteilen balgen.
im humor-, nein humusgieren uns vermaß,
durch clownereien und tränenlachen.
was mich als kreatur verpfeift, muss scherzverzerrt,
die lieder wiederkauen: schon sehr gehemmt
und engster brust, voll schadenslust
versteift aufs letzte hemd, an dieser schnur
verrenkt muss euren tremor simulieren,
in der rabenmütterlichen kluft, dem schacht:

die witzfigur muss fallen mit dem letzten atemtrug.

natura morte

was soll der plunder in der kammer,
das invalide winken mit vergeichen?
unter trauer klopf- und kellerzeichen,
durch exegesen wird der tisch nicht runder.

der schauer wird im rahmen immer klammer,
was wir auch lesen aus den tellerleichen.
auf dauer aus, nach den prothesen kramen,
als wär mein hinken dann profunder.

der jammer: käse lässt sich nicht mehr streichen,
denn der fisch von unserm kopf muss stinken,
woher auch kamen und wohin verwesen.

was wunder nahmen, wird allein nur blauer.

7

ich statuiere, und was für ein exempel!
es ist das alte spiel, das uns bezweckt:
die münze und entzweit ihre zerlegung,
doppelt das ziel, das mich aufdeckt.

eh sich vollstreckt geweiht die prägur g,
verwechsle geld, zerstör den tempel!

no way out, nietzsche!

die aversion durch jede fassung spürte,
da diese kaum vorm kult, dem reim, bewahrt,
vor sternikone, tricks und takttraktat;
bloss normenschuld täuscht vor der pakt,
da mich, als formenpart, keusch herzierte,
ja mit glücks- und fixideen herzitierte.

vom angelpunkt jedoch der anglophone akt
in den tumult; durchs art- und fahrtgeräusch
insult im halbverdauten trakt; brutaler
fakt im kakophonen, als in intimen kicks,
im innenmix uns widerkauten: es passiert,
ja paart dies auch per keimkontakt, da mich,

durch solche selbstauslassung, ins duale klone,
ob in die zeuge- oder todeszone.

fisch und fleisch, psalm

aufgedeckt sei hier durch tellerkreise:
das liegt am spruch, am tisch und am gebein,
skeletternst hat der wirt sich aufgetragen,
dass erzelend an der sage uns ermessen:
die mess-, ja essgeräte sind kaum versteckt:
beim alphabeten legen uns die gräten aus,
sehr arm tradierst uns diese letterweise.

das ist nicht nur ein fisch- und leibgericht,
auch lammoral soll uns nicht lauwarm sein,
das passt oral zum buch- und hirtenstab,
zu der gemengelage: bittsteller sind, verirrt
und allesfresser, als uns zum x-ten mal
signierst den wisch. dein stammlokal lernst
nun allein, nichts sonst kann so bekleckt
zu bruch die bretter sägen: gleich schwer
litt ich die spötter- und die lieblingsspeise.

kirche

noch in geheimsekreten dies rumoren,
da uns hinter augen, poren imperfekt
misslinkten; unausgegoren, mundvertabelt,
doch mit spurinstinkten, im analogen
sind versteckt; schlundtief bald, abdominal,
in laugen, darm-, schwarmfloren schleim-,
schaumweinen, am amorosen föten
uns amoral verekeln, uns die säfte
säuren riefen; mit den urinsekten
magen-, sagenkräfte saugen,
wundersam durch den kanal
alle feten unsereinen menetekeln:

da dies spirituose ist hier festgefabelt,
bin längst abgenabelt, ausgeboren
im neo-, nekrologen bis zum selbstextinkten.

imprimatur

weiss gott nicht albern, selbst sich
und pur von a bis o zu prophezeien;
die totale und ihr boykott zu stiften,
dass so durch alpha- oder totenbeten

für einmal unser seien, polyglott
im angesicht, doch spruchweis ins triviale.
uns versifften in sekreten, der tinktur,
noch am schafott salbadern und quacksalbern,

weihn und zeihen dies in gegengiften:
im plot, der blutspur, scheuen keinen fluch,
denn nirgendwo oder in purpuradern,
die fanale selbstfigur verschriften.

pascal

in all den bösen stuben
deckt sich keine karte auf,
spielt aus die andern blätter:
das heckt den wilden garten aus,
fühlt jede art in jedem wetter,
bis auf das herz des guten buben
unsre alte wette gilt:
wenn die groteske letter
jeden schmerz will wiedergeben,
und der pittoreske retter
sein bild malt schön in unsrer grube aus:

was bezahlt uns dann mit welchem leben?

phönix

wieder die alarmparolen, bluterhitzen,
und ich schaue unser angsterbleichen;
wir glühn im heissen tanz auf scheitersohlen.
im entrücken bis in fieber-, fingerspitzen,
in feuerzitzen und im gliederschweiss,
ich traue mich in lust- und qualenzunder,
bis zum verrauchen mit den letzten kohlen.

als uns mit dem hauch davon entschweben
und fern den kahlen feierkranz erblicken,
armselig schien der liebes- wie der leichenbrauch.

kein fremd gefieder blieb, uns neu zu schmücken:
das blaue wunder musst nicht mehr erleben.

album

doch als mich blank hier weiss, ein blatt
ist gleich gelöscht, da die als-ob-szene
als urspur zieht den kreis: synchronisch
alphabeten und auch -betten, nota bene
im arealen. der primatentakt, und wir
verschaukeln uns als amoretten. ja albern
ist der schwank, da das obszöne als albtraum
krasser leichen uns entfuhr: der akt dual,
und chtonisch daher meine liegestatt,
da atemoral und atemporal vorgaukeln.

nein, nichts ist sakrosankt: auch der zensur
viel dank und preis. denn diese scham-,
schaumschöne, die ist pur, und seis in ketten:
ein wasserzeichen, das sich selbst rein wäscht.

palimpsest

so zelebriert es, ob latent, ob manifest,
unter der hand vermessen auch hostil,
doch aufgedeckt liegts kaum am tisch;
es wiegt nicht viel der zuckerguss,
noch, schroff benannt, der zuckgenuss.
ja, dort, im essens- und im leibesfest,
war aspirant und bloss kandierter daten.

als es am ort sich wendet eklatant,
totale kandidaten waren. denn stoff
erst generiert exzess, der zoff den überfluss
auch im mortalen rest: die tatessenz
wird transparent als ein gemisch geschmeckt
in der wortspende. so offeriert, der wisch
am ende muss nichts mehr verraten.

toast

was speist, es sei hier auch gespuckt:
da nicht nur temporal hier leib-, liebkosten,
diesmal in küssen preist sich, was entzweist,
als dafür uns wie dagegen selbst einnahmen:
verschluckt sind selbst mit dem getrosten,
fast ganz im ungewissen ist das mahl.
als plural nach rachen schreist, uns im erbosten
bloss vergellten, da im schleim und in komposten
namen uns vermissten. dies liesst sich nur vergelten
in dem zugelosten, das durch lachen spukt,
als ob in heim-, jäh auch in einzahl uns erfreust:

nicht nein, noch ja und amen dir zuprosten.

omnia sua secum portat

ja, aller ort ist abgegriffen,
wie auch jedes andere wort,
so meint es auch der münzer;
vitalelan, roboten im akkord,
das eint uns im sozialorgan.
es hat sich so viel abgeschliffen.
was uns trägt, ist längst geboten,
ja das geld klingt in der kassa.
kollegial mit allem bin an bord,
denn der ozean ist eingeprägt
und andrerseits der sinntransport.

doch was blinkt, fällt nun ins wasser
und der verfasser in den wein
und der ist auch der winzer.

schrein

initial dies zündet und sogleich solar,
mit mir alleine sich verkehrt ergebe;
doch auch solidarisch zirkulieren,
denn im umwegsamen scheine orientiert:
atomar, ja vermehrt in chromosomen
dies radial und anatomisch bindet
bis in den zellenbrand: der zelebrant
dies allgemeine als solist verkündet,
da in idiomen die gebeine uns aufhebe.

bio-, holographisch in der schwebe
kristallisiert bin durch den laser-, leserstrahl:
sonderbar verklärt als leucht-, leichtnamen
mich in eurem autornomen fand.

8

autograph

zuerst der schwanz, sein wedeln mit dem hund;
dann ein balg aus flecken, ja sehr roten
um einen oder anderen schlund der bart:
vernarrt und schalk bist, zum erschrecken.

am zähneblecken warst, am lippenlecken,
da beinhart zoten ziehn, an deinen strippen;
das kleid zerriss sich, dir gabst pfoten,
beknurrst das narrativ von liebesdurst

und gliederglanz. dein popanz, halbfiktiv
gerippetanz, voll wut vor notenschädeln;
dein letztes haar musst fädeln jederzeit
in den toten kranz; doch, ums verrecken,

nichts blieb zu veredeln übrig: egal, ob angst,
ob schiss, ob blut, ob hans und wurst:
mein mund biss nur in meinen eignen franz.

Inhalt

FRANZ JOSEF CZERNIN, geboren 1952 in Wien, veröffentlicht seit 1978 Prosa, Lyrik, Essays und Aphorismen. Für sein Werk erhielt er unter anderem den Heimito von Doderer-Literaturpreis, den Anton-Wildgans-Preis, den Georg-Trakl-Preis, den Österreichischen Staatspreis für Literaturkritik und den Ernst-Jandl-Preis. Seit 2008 ist er Mitglied der Deutschen Akademie für Sprache und Dichtung. Bei Hanser sind zuletzt erschienen *staub.gefässe* (gesammelte gedichte, 2008), *zungenenglisch. visionen, varianten* (2014) und *reisen, auch winterlich* (Gedichte, 2019).